Le Petit Chaperon rouge

Le conte de fée et le coloriage

Little Red Riding Hood

Fairy Tale and Coloring Pages

Bilingual Book in French and English

by Charles Perrault and Svetlana Bagdasaryan

Il était une fois une petite fille de village, la plus éveillée qu'on eût su voir : sa mère en était folle, et sa mère-grand plus folle encore. Cette bonne femme lui fit faire un petit chaperon rouge qui lui seyait si bien, que partout on l'appelait le petit Chaperon rouge.

Un jour, sa mère ayant cuit et fait des galettes, lui dit : « Va voir comment se porte ta mère-grand, car on m'a dit qu'elle était malade. Porte-lui une galette et ce petit pot de beurre. »

Le petit Chaperon rouge partit aussitôt pour aller chez sa mère-grand, qui demeurait dans un autre village.

* * *

Once upon a time there lived in a village a little country girl, the prettiest creature that had ever been seen. Her mother was very fond of her, and her grandmother loved her still more. This good woman made for her a little red riding hood, which fit her so well that everybody called her Little Red Riding Hood.

One day her mother, having made some pies, said to her, "Go, my dear, and see how your grandmother does, for I hear she has been very ill; bring her the pies and this little pot of butter."

Little Red Riding Hood set out immediately to go to her grandmother's, who lived in another village.

En passant dans un bois, elle rencontra compère le Loup, qui eut bien envie de la manger ; mais il n'osa, à cause de quelques bûcherons qui étaient dans la forêt. Il lui demanda où elle allait. La pauvre enfant, qui ne savait pas qu'il était dangereux de s'arrêter à écouter un loup, lui dit : « Je vais voir ma mère-grand, et lui porter une galette, avec un petit pot de beurre, que ma mère lui envoie. »

— Demeure-t-elle bien loin ? lui dit le loup.

— Oh ! oui, dit le petit Chaperon rouge ; c'est par delà le moulin que vous voyez tout là-bas, à la première maison du village.

— Eh bien ! dit le Loup, je veux l'aller voir aussi : je m'y en vais par ce chemin-ci, et toi par ce chemin-là ; et nous verrons à qui plus tôt y sera. »

* * *

As she was going through the woods, she met the gaffer wolf, who wanted to eat her up; but he dared not, because of the loggers working near in the forest. He asked her where she was going. The poor child, who did not know that it was dangerous to stop and talk to a wolf, said to him, "I am going to see my grandmother, and bring her the pies and a little pot of butter that my mother sent."

"Does she live far?" asked the wolf.

"Oh, yes," answered Little Red Riding Hood; "it is behind that mill you see there; the first house you come to in the village."

"Well," said the wolf, "and I'll go and see her, too. I'll go this way, and you go that way, and we shall see who will get there first."

Le Loup se mit à courir de toute sa force par le chemin qui était le plus court, et la petite fille s'en alla par le chemin le plus long, s'amusant à cueillir des noisettes, à courir après des papillons, et à faire des bouquets des petites fleurs qu'elle rencontrait.

Le Loup ne fut pas longtemps à arriver à la maison de la mère-grand ; il heurte : Toc, toc. « Qui est là ?

— C'est votre fille, le petit Chaperon rouge, dit le Loup en contrefaisant sa voix, qui vous apporte une galette et un petit pot de beurre, que ma mère vous envoie. »

La bonne mère-grand, qui était dans son lit, à cause qu'elle se trouvait un peu mal, lui cria : « Tire la chevillette, la bobinette cherra. »

* * *

The wolf began to run as fast as he could, taking the shortest way, and the little girl went by the longest way, amusing herself by gathering nuts, running after butterflies, and picking flowers. Not before long wolf reached the old woman's house. He knocked at the door — knock, knock, knock.

"Who's there?" called the grandmother.

"It is your granddaughter, Little Red Riding Hood," replied the wolf, imitating the girl's voice. "Mother sent you some pies and a little pot of butter."

The good grandmother, who was in bed, because she was somewhat ill, cried out, "Pull the bobbin, and the latch will go up."

Le Loup tira la chevillette, et la porte s'ouvrit. Il se jeta sur la bonne femme, et la dévora en moins de rien, car il y avait plus de trois jours qu'il n'avait mangé. Ensuite il ferma la porte, et s'alla coucher dans le lit de la mère-grand, en attendant le petit Chaperon rouge, qui, quelque temps après, vint heurter à la porte : Toc, toc. « Qui est là ? »

Le petit Chaperon rouge, qui entendit la grosse voix du Loup, eut peur d'abord, mais, croyant que sa mère-grand était enrhumée, répondit : « C'est votre fille, le petit Chaperon rouge, qui vous apporte une galette et un petit pot de beurre, que ma mère vous envoie. »

* * *

The wolf pulled the bobbin, and the door opened. He fell upon the old woman and swallowed her, for he had not eaten anything for more than three days. He then shut the door, went into the grandmother's bed, and waited for Little Red Riding Hood, who came sometime afterward and knocked at the door — knock, knock, knock.

"Who's there?" called the wolf.

Little Red Riding Hood, hearing the hoarse voice of the wolf, was at first afraid; but thinking her grandmother had a cold, answered, "This is your granddaughter, Little Red Riding Hood. Mother sent you some pies and a little pot of butter."

Le Loup lui cria en adoucissant un peu sa voix : « Tire la chevillette, la bobinette cherra. » Le petit Chaperon rouge tira la chevillette, et la porte s'ouvrit.

Le Loup, la voyant entrer, lui dit en se cachant dans le lit, sous la couverture : « Mets la galette et le petit pot de beurre sur la huche, et viens te coucher avec moi. » Le petit Chaperon rouge va se mettre dans le lit, où elle fut bien étonnée de voir comment sa mère-grand était faite en son déshabillé.

* * *

The wolf cried out to her, softening his voice a little, "Pull the bobbin, and the latch will go up."

Little Red Riding Hood pulled the bobbin, and the door opened.

The wolf, seeing her come in, said to her, hiding himself under the bedclothes, "Put the pies and the little pot of butter somewhere, and come and lie down with me."

Little Red Riding Hood went into bed, where she was much surprised to see how her grandmother looked in her night-clothes.

Elle lui dit : « Ma mère-grand, que vous avez de grands bras !
— C'est pour mieux t'embrasser, ma fille !
— Ma mère-grand, que vous avez de grandes jambes !
— C'est pour mieux courir, mon enfant !
— Ma mère-grand, que vous avez de grandes oreilles !
— C'est pour mieux écouter, mon enfant !
— Ma mère-grand, que vous avez de grands yeux !
— C'est pour mieux te voir, mon enfant !
— Ma mère-grand, que vous avez de grandes dents !
— C'est pour te manger !»

Et, en disant ces mots, ce méchant Loup se jeta sur le petit Chaperon rouge, et la mangea.

* * *

She said to her, "Grandmamma, what big arms you have!"
"All the better to hug you with, my dear."
"Grandmamma, what great legs you have!"
"All the better to run with, my child."
"Grandmamma, what great ears you have!"
"All the better to hear with, my child."
"Grandmamma, what great eyes you have!"
"All the better to see with, my child."
"Grandmamma, what great teeth you have!"
"All the better to eat you up with."

And, saying these words, this wicked wolf fell upon Little Red Riding Hood, and ate her all up.

A ce moment, un chasseur sortit de la forêt. Il vit la maison et décida de s'arrêter et de demander un verre d'eau. Il cherchait un grand loup qui terrorisait le village.

Le chasseur entendit un sifflement étrange a l'intérieur de la maison. Il regarda à travers la fenêtre et vit le grand loup, ronflant sur le lit de Grand'Mère. « Le loup! Il ne m'échappera pas cette fois ! » cria le chasseur.

Le chasseur ouvrit l'estomac du loup et, à sa surprise, sortirent Grand'Mère et Petit Chaperon Rouge, saines et sauves.

* * *

At this moment a hunter emerged from the forest. He saw the house and decided to stop and ask for a glass of water. He was looking for a big wolf who had been terrorizing the village.

The hunter heard a strange whistling inside the house. He looked through the window and saw the big wolf snoring on Grandma's bed. "The wolf! He won't escape me this time!" cried the hunter.

The hunter opened the wolf's stomach, and, to his surprise, out popped the unharmed Grandma and Little Red Riding Hood.

ACKNOWLEDGEMENT

I want to thank my granddaughter Christina for being my sweet inspiration in creating this book. Enjoy it!
Svetlana

Made in the USA
Columbia, SC
13 February 2019